ABC
DINOSAURES

ABC DINOSAURES

Apprendre l'Alphabet
avec des Dinosaures

P.G. Hibbert

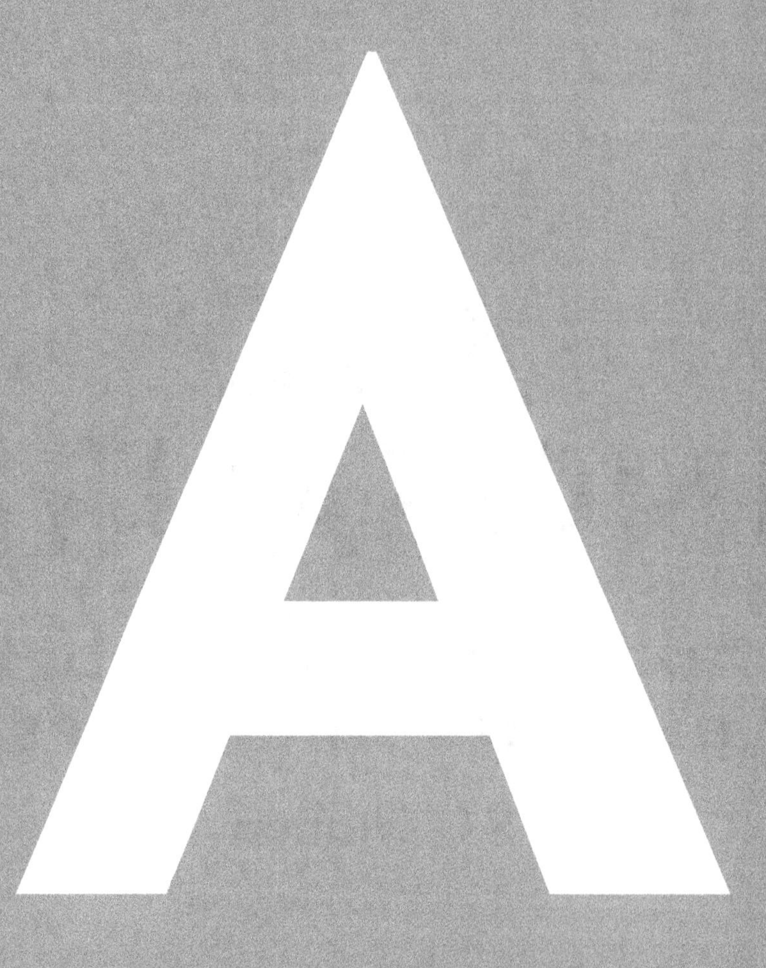

Allosaure

B

Brachiosaure

Carnotaurus

Dilophosaurus

Elasmosaure

Famille

Giganotosaure

Hadrosaure

Iguanodon

Jobaria

Kentrosaure

Lambeosaure

Mosasaurus

Nedoceratops

Oviraptor

P

Pterodactyl

Quaesitosaurus

Rebbachisaurus

Spinosaurus

Tyrannosaurus Rex

Utahraptor

Velociraptor

Wannanosaurus

Xenoceratops

Yinlong

Zalmoxes